AF388686

Système Américain.

Démonstration écrite figure en regard de dix-sept Gravures.

Trois éditions de cet important Ouvrage, épuisées en moins de trois mois, prouvent assez son utilité générale ; à l'aide de notre Méthode, non-seulement des latinistes ont changé une écriture altérée par la précipitation et la négligence, mais même des personnes de tout âge ne possédant aucune notion d'écriture, ayant la main endurcie par un travail manuel, sont parvenues à la flexibilité nécessaire pour une expédiée nette ; que l'on ne se laisse pas abuser par des préventions contre la mémoire et son défaut d'exécution ; la tête est pour peu de chose dans l'art de former les caractères.

Des instituteurs et des pères de famille n'ont pas moins réussi (dans l'espace de deux mois) auprès de jeunes enfans qu'il ont mis en état de copier en fine leurs devoirs d'étude.

Notre position est favorable pour tous les genres d'écriture qu'on voudrait se créer ou conserver.

QUATRIÈME ÉDITION,

REVUE, CORRIGÉE ET AUGMENTÉE.

Paris, Mai 1828.

Imprimerie de Carpentier-Méricourt,
Rue Traînée-Saint-Eustache, N° 15.

ÉCRITURE ANGLAISE

Démontrée dans toutes ses précisions, sans l'usage de mécaniques-ligamens, de règles, de crayons, de transparens; à la portée de tous les âges où l'on peut se rendre compte des choses, depuis dix jusqu'à soixante ans.

Cette Méthode, la même que celle de M. Carstairs, est simplifiée par une position beaucoup plus facile, beaucoup plus naturelle et toutefois aussi sûre que celle de cet habile professeur; je me suis convaincu de son succès par les résultats avantageux que j'en ai toujours obtenus depuis l'époque où j'ai imaginé cette modification.

Dans tous mes exercices préparatoires et les exemples qui s'y rattachent, je donne à mon écriture la pente qu'il est nécessaire que les élèves observent, car dès qu'ils abandonneront nos modèles pour écrire librement et de fantaisie, ils auront naturellement assez de tendance à redresser leur écriture pour suivre les vrais principes de l'inclinaison fixée aux deux tiers du carré.

Au besoin on peut ne pas espacer les lettres autant qu'elles le sont dans nos modèles.

Introduction.

Elève du célèbre Carstairs des Etats-Unis, inventeur de la Méthode, à la fois la plus simple et la plus prompte de l'écriture anglaise, je veux en donner au public la clef, la connaissance si utile et si courue

On ne se propose point de tromper encore les amateurs par un cahier d'exemples muettes. Si l'étude approfondie, si l'examen impartial d'un art doit mériter de la confiance à celui qui en veut donner les préceptes, je puis compter sur cet avantage. Formé à l'ancienne école, je partageai d'abord les préventions contre cette innovation; mais je crus, comme doit le faire tout homme d'un sens droit, qu'avant de porter un jugement, je devais comparer les deux Méthodes, et partant, m'instruire dans la nouvelle. Je me fis initier par l'auteur dans les secrets de cette calligraphie. Convaincu bientôt de sa supériorité, je poussai, sous la direction du professeur américain, l'étude jusqu'à la démonstration. Telle fut mon admiration pour cet art, que j'abandonnai une exploitation commerciale pour me donner à l'enseignement d'une science qui ne cessera de trouver des amateurs forcés de se rendre à l'évidence. Ainsi, c'est à quarante ans, âge qui n'est plus celui des illusions, que je veux mettre les autres en possession des fruits de mon expérience.

Jusqu'ici on n'a répandu que des exemplaires exécutés, je le veux bien, dans toute la perfection, et rendus avec une égale précision par les graveurs : mais, quelque soignées que fussent ces exemples, elles n'ont guère été bonnes qu'à suppléer à l'insuffisance des maitres. On a oublié ce qui était le plus essentiel, d'indiquer la manière de procéder et d'initier dans le mécanisme des lettres.

Pour moi, je veux remédier au vice de tous ces types, imparfaits sous le rapport indiqué ; je vais frayer une route que l'on n'a pas encore tentée, que je sache. Je me propose d'animer et de faire parler mes exemples, c'est-à-dire que je fais la démonstration la plus claire, la plus succincte de ma méthode, démonstration qui est le résumé de toutes mes leçons.

Mon cahier ne laissera point à regretter la voix du maître : il suit pas à pas l'élève, transmet les premières données à son inexpérience, avance avec lui, pour le faire revenir sur ce qu'il a vu. Le sujet aura toujours à refaire des lettres précédentes combinées avec une nouvelle. Outre les données préliminaires sur le papier, la taille des plumes, la position du corps, des mains et des doigts, j'expose en regard la démonstration la plus exacte de chaque modèle, en décrivant les lettres les unes après les autres, sans négliger toutefois d'indiquer les rapports de liaison.

J'ai travaillé cet ouvrage avec le plus grand soin, et de manière qu'il ne fût pas indifférent aux personnes versées dans l'ancien genre, ou voulant se perfectionner dans le nouveau, et qu'il fût à la fois le plus intelligible pour l'écolier qui n'aurait pas la moindre idée de l'écriture.

Enfin, avec du goût, de l'exercice (deux heures par jour, mais non continues), et surtout de l'attention, on parviendra, dans l'espace de vingt jours, à donner à son écriture, sinon toute la netteté, du moins la forme et la grâce des modèles ; car, si l'on rejette les fausses idées que l'on se fait de l'écriture, si l'on ne se plaît pas à exagérer ses difficultés, on sera forcé de reconnaître que c'est peu de chose.

En effet, qu'est-ce que toute l'écriture? un nombre très-limité de caractères ; vingt-cinq lettres, que nous représentons toujours sous la même forme. C'est par l'habitude d'une chose, que l'on finit par y exceller.

Eh bien! notre système n'est basé que sur la pratique. Nous offrons d'abord à l'élève les vingt-cinq lettres simples, dont le besoin est de tous les instans. En refaisant sans cesse ces mêmes caractères conformément à l'explication de leur facture, l'écolier doit nécessairement faire des progrès. Quand il est sûr des lettres simples, il passe aux majuscules, qui deviennent un jeu.

Si l'expérience a présidé à la composition de ce traité, elle a aussi justifié son utilité.

Avant de livrer à l'impression mon manuscrit, dont les gravures ont été calquées sur mes propres exemples, je l'ai donné pour seul guide, seul maître, à des personnes tout-à-fait neuves dans ce genre d'écriture; et au bout de trois semaines d'exercice, elles ont atteint les élèves que j'avais fait commencer dans le même temps sous ma direction spéciale.

Je ne chercherai point à discourir sur l'excellence de l'expédiée anglaise : la vogue qu'elle obtient en est le plus sûr garant. Devenue nationale, elle est en crédit par tout, dans les colléges et institutions de l'Université, dans le bureau de l'administrateur et du banquier, comme dans le comptoir du commerçant. C'est toujours elle qui se fait admirer sur les types et les vignettes des plus habiles artistes.

Quant à l'utilité de ma méthode, je m'en remets à la justice de ceux qui l'auront lue attentivement, et l'auront mise en pratique, en procédant comme il convient.

Heureux si, par cette nouvelle école, peu coûteuse et de tous les momens, je puis témoigner ma reconnaissance à mon ancien maître, en répandant dans toutes les classes les avantages de sa calligraphie.

Je ne me suis proposé que d'être utile, comme on le voit à la simplicité de cet exposé, c'est pourquoi je serai toujours prêt à accueillir les personnes qui auraient à me consulter ou à me faire des observations d'un certain poids.

Je crois devoir remercier ici le public de l'accueil honorable qu'il a fait aux trois précédentes éditions épuisées en trois mois et demi, ce succès est une obligation pour moi de légitimer (en quelque sorte) de plus en plus cette faveur, et aussi ai-je fait tous mes efforts pour être aussi clair, aussi intelligible dans cette démonstration écrite, que je dois l'être chez moi dans mes cours et mes leçons particulières. Plusieurs personnes après s'être essayées seules sur mon ouvrage, encouragées par leurs progrès, m'ont appelé; en cela elles n'ont cherché qu'à gagner du temps, car elles sont convenues avec moi qu'elles auraient fini par se perfectionner elles-mêmes. J'en reçois tous les jours mille témoignages de Lyon, de Strasbourg, de Nantes, de Marseille, de Toulouse, etc. Plusieurs maisons d'éducation adoptent mon système. Ma méthode est trop simple, trop facile et trop prompte pour qu'elle ne puisse pas convenir à tous les âges, et à tous les temps.

Cette expédiée, si favorable à la correspondance active du commerce, ne l'est pas moins à la célérité avec laquelle les écoliers doivent écrire. J'ai mis bien des enfans de six ans en état, au bout de deux mois, de conjuguer les verbes en écriture fine. Que de peines évitées à bien d'autres dont on force la nature pour délier les doigts, pendant des années, et souvent sans fruit, en les contraignant à faire et refaire, mille fois pour une, des grands pleins et maintes lettres hors de leur portée !

Notre système a paru parer à tous les inconvéniens. Plusieurs directeurs de cet enseignement sublime, l'école mutuelle, veulent adopter cette méthode qu'ils trouvent réunir tous les avantages.

Quoi de plus simple, point de tous ces préambules à-peu-près inutiles ou du moins inintelligibles, point de grands O, point de bâtons, etc. On apprend de suite à faire les vingt-cinq lettres et les majuscules, point dans une forme extraordinaire, mais dans leur grandeur naturelle et la plus ordinaire. On fait en commençant les lettres telles qu'on les fera, telles qu'on aura besoin de les faire dans deux ans, dans dix ans, dans quarante ans, etc.

L'enfant se trouve bientôt en état de suivre par l'écriture les développemens qui se font dans son intelligence ; il conjuguera, puis copiera, bientôt il écrira à la dictée, et se trouvera ainsi à même de suivre les cours de grammaire et d'histoire, de latin, etc. ; car on ne peut guère réussir dans l'étude qu'en écrivant. Ne vaut-il pas mieux écrire bien dès le principe que de prendre l'habitude de griffonner, pour ensuite perdre un temps infini à corriger cette seconde nature si opiniâtre?

Je ne dirai plus qu'un mot, comme professeur d'écriture. Nombre de pères de famille, nombre de jeunes gens, de jeunes personnes et d'hommes faits ont bien voulu m'honorer de leur confiance; j'en appelle à leurs témoignages ; ne sont-ils pas tous parvenus, souvent malgré des mains bien défectueuses, à se faire promptement une écriture nette et jolie? Maintes personnes peuvent dire que je n'épargne ni mes paroles ni mes soins, jusqu'à ce que j'aie obtenu plein succès. C'est alors seulement que je reçois mes honoraires. Il est bon de faire observer que je ne prends point au mois, les élèves y perdent trop, le maître seul y gagne. Je veux être utile ; mon prix est fixé à forfait, et aussi raisonnable que celui de l'ouvrage même.

Appui sur lequel on doit écrire.

L'appui sur lequel on doit écrire est une table plane, solide, dont la surface sera horizontale ; sa hauteur sera de deux pieds 3 pouces, hauteur voulue d'après celle des siéges ordinaires. On peut aussi faire usage d'un pupître dont la pente sera d'une légère élévation.

Du Papier.

Le papier que je fait prendre communément à mes élèves, est connu dans le commerce sous le nom de vergé d'Annonay, d'un grain lisse. Sous ma direction, la quantité d'une demi-main suffit pour amener les élèves à la perfection désirée.

Point de règle, point de crayon, point de transparent : la position de la main et du corps répond de la rectitude des lignes.

Genre de Plumes.

Les plumes nécessaires au genre d'écriture que nous démontrons sont désignées dans la commerce sous le nom de plumes veules, n. 8 ou 9; elles sont courtes, le tuyau fléchit sensiblement entre le pouce et l'index; les plus faciles à tenir sont tirées de l'aile gauche; leurs panaches ou longues barbes se renversent à droite.

Taille des Plumes.

Faites une entaille de trois à quatre lignes à l'extrémité dorsale de la plume; répétez la même opération sur la partie opposée; retournez la plume, enfoncez de trois lignes de hauteur la lame du canif dans l'intérieur, soulevez l'instrument légèrement, en sorte que sa pointe ne touche pas l'endroit où devra finir la fente, fente que vous ferez en levant la main par un mouvement brusque, ce qui évitera d'arracher et de biaiser la fente, donnez au ventre un dégagement d'un pouce, tenez la plume renversée sur son côté droit, effilez d'abord la carne gauche, par des copeaux assez larges, puis, ensuite, très-finement, en beaucoup de reprises, afin d'éviter d'endommager la fente; dégagez également l'autre carne, tournez vers votre poitrine le bout principal de la plume, portez-là à votre main gauche pour la soutenir couchée sur le ventre entre l'index et le médius, et sur la jonction de la dernière phalange de ce doigt. Appuyez le bec sur l'ongle du pouce gauche : alors, tenant le canif serré entre quatre doigts, vous passez, du côté interne, le pouce droit sous l'autre, pour éviter la flexion; vous abaissez le canif et coupez l'extrémité de la plume obliquement, du côté de la grande panache. (Voyez la plume représentée au premier modèle gravé.) De cette façon, le bec du côté droit se trouve le plus long, à l'effet de former les liaisons.

De la position du Corps.

Assis au milieu du siége, le corps à la distance d'un pouce de la table, pour éviter toute compression gênante, l'écrivain devra avoir les jambes fixées et soutenues perpendiculairement sur le plat des pieds, distantes l'une de l'autre d'environ un pied : dans cet état, les genoux se trouveront à la même distance d'écartement.

Le tronc et la tête seront légèrement inclinés en avant; il ne conviendra pas de les abandonner davantage, parce que leur poids nuirait à l'exécution.

L'avant-bras et la main gauche reposeront de toute leur longueur sur la face interne, appuyés sur la table et près du corps, attendu que, plus éloignés, ils entraîneraient avec eux le corps et la tête; la même main sera tendue de manière à arriver au niveau de la partie moyenne de l'estomac; le pouce devra effleurer le vêtement; l'extrémité des quatre autres doigts soutiendra le papier sur lequel on écrit; ils y seront doublement utiles pour faire varier sa position de droite à gauche, circonstance qui a lieu toutes les fois que l'on termine les lignes.

L'avant-bras droit aura constamment de cinq à six pouces d'avancement sur la table; il sera tenu en ligne directe, et figurera sur ce plan du côté de sa face externe, il reposera seulement sur le rebord de la table, pour s'élever insensiblement, en sorte qu'il laisse l'intervalle d'un pouce entre le plan et l'extrémité du poignet (c'est-à-dire, à l'endroit de la jonction de celui-ci avec la main, le paragraphe suivant vous fera connaître le service du petit doigt pour soutenir cette position). Le bras ainsi fixé exécutera les mouvemens d'abduction (aller de gauche à droite) et adduction (de droite à gauche), mouvement partant de l'articulation du coude, afin de tracer les lignes dans toute leur longueur. Le coude sera tenu à la distance du corps d'environ quatre pouces, pour être soutenu dans cette position pendant le travail. D'après cette démonstration, nous ne pouvons préciser la place occupée par le papier : cette place se trouve naturellement désignée par celle que tient le coude droit, et par l'avancement du poignet sur la table; le papier trop haut ou trop bas amènerait un changement de position désavantageux.

Tenue de la Plume et mouvement des Doigts.

La position de l'avant-bras droit et du papier étant fixée, on mettra la main à la plume pour la soutenir verticalement entre les doigts moteurs, le pouce, l'index et celui du milieu; ces deux derniers doivent être très-rapprochés l'un de l'autre, et courbés assez pour qu'ils représentent un quart de cercle, ce qui les oblige à soutenir la plume conjointement avec le pouce fixé vers la dernière phalange de l'index, et éloigné au moins d'une ligne, ce qui donne lieu à un vide entre eux, et laisse à découvert la partie dorsale de la plume, le pouce ainsi tenu dans un état demi-courbe et les deux doigts, forment la figure d'un quart de cercle.

Afin de se soutenir dans cette position importante, il faut que le côté externe et inférieur de la main (côté qui touche au petit doigt) soit élevé de la table à la distance d'un pouce, à partir du premier joint du petit doigt.

Cet état courbe a pour but de donner aux muscles extenseurs le mouvement d'élévation, et aux fléchisseurs celui opposé, sans que le bras concoure en aucune façon à la formation des lettres.

L'annulaire doit être reployé entièrement dans la main, de façon que son extrémité en touche la paume.

La position du petit doigt est d'une majeure importance, tenez-le tendu roide et éloigné vers la droite, reposant sur son extrémité externe à environ cinq à six lignes, l'avancement toutefois se détachant du papier il s'élève graduellement en ligne verticale jusqu'à sa plus haute extrémité (endroit ou il a pris naissance), delà a lieu une élévation d'environ deux pouces, par cette position il supporte la main et le poignet élevé au-dessus du papier et les rejette sensiblement vers la gauche; assez pour qu'au moment où vous commencez à écrire vous ne voyez l'ongle du pouce que de profil, et que l'extrémité haute de de la plume regarde constamment l'épaule.

Cette position paraîtra d'abord gênante aux commençans, mais la persévérance et l'attention la rendront familière au bout de cinq ou six leçons. On éprouvera même une légère douleur dans le poignet, qui se dissipera dans le même laps de temps.

Observations générales à consulter souvent.

— Afin de posséder une bonne écriture dans le laps de temps que j'ai désigné, il faut s'exercer pendant deux jours, en deux séances d'une heure et demie chacune, sur les exemples préparatoires des numéros pairs, et pendant deux autres séances d'un seul jour sur les numéros impairs.

— Au fur et à mesure que vous terminez une page, élevez le papier, afin que la position du corps et du bras reste toujours la même : l'avant bras, placé plus avant qu'il est prescrit, vous isolerait trop de votre travail.

— Tenez la plume très-légèrement dans les doigts, et ne faites que la poser sur le papier, sans appuyer pour écrire ; quel que soit le mouvement qu'elle sera obligée de faire pour la formation des lettres, elle ne devra aucunement tourner dans les doigts.

— Que votre avant-bras repose légèrement sur la table, excepté le poignet et la main, afin de vous permettre de couler rapidement de gauche à droite, sans des mouvemens interrompus, gênés ou forcés.

— Veillez continuellement, pendant les cinq ou six premiers jours, à la position prescrite du corps et des membres, qui ne tarderont pas à perdre leur gêne première.

— Il ne conviendra pas d'expédier en commençant nos exercices, jusqu'à ce que l'on soit bien familiarisé avec les positions et notre genre de lettres.

— Du moment que les élèves apprendront à faire nos lettres, ils devront à jamais abandonner celles de leur écriture primitive, pour ne s'en référer qu'aux nôtres, qui restent toujours invariables.

— Chaque fois que vous arriverez devant une de ces lettres rondes A,C,D,O,G,Q, abandonnez la liaison finale des lettres précédentes, entreprenez les premières sans former devant elles une liaison.

— Pour donner à votre écriture un ensemble régulier, attachez-vous à rendre toutes les lettres uniformes de grandeur; de même éloignement, et que leur partie supérieure s'incline à droite; cet effet n'aura lieu, toutefois, qu'en exécutant l'écriture, vous enverrez la plume vers la gauche en terminant les lettres.

— La distance d'un mot à l'autre doit être telle qu'elle ne présente pas assez d'écartement pour permettre d'y placer deux lettres. Les liaisons finales des mots ne doivent pas être plus élevées que la lettre même, sauf à la fin des lignes.

— Veillez attentivement à ce que la partie finale de vos S vienne s'attacher dans la liaison qui précède;

évitez que cette lettre ait plus de hauteur que les autres non revêtues de têtes et queues. Dans les mots où cette lettre a besoin d'être doublée, faites les deux lettres semblables. N'employez cette sorte d'R qu'à la fin des mots.

— Ne soyez pas prodigue des lettres majuscules, en ne les employant qu'au besoin, au commencement des phrases et des noms propres.

— Vous remarquerez que toutes nos lettres longues, B, D, F, G, H, J, L, P, Q et Y, sont tracées bien droites quoiqu'obliques; il serait très-désavantageux de les faire cintrées.

— La liaison supérieure de la dernière partie du P doit être bien prise dans le plein, afin d'éviter un isolement.

— L'exemple de la page 16, où sont représentés divers caractères gradués, s'exécutera avec deux plumes dont une sera taillée plus grosse que l'autre.

N° 1.

Quelle que soit la défectuosité de l'écriture des personnes qui nous étudieront, elles commenceront par former les lignes d'A de ce modèle, en observant la grandeur, l'éloignement et la légèreté du caractère. Procédez de même pour les modèles suivans.

Prenez le haut de l'A très-finement, en décrivant un demi-cercle incliné; grossissez le trait jusqu'à la partie inférieure, où il s'arrondit en un délié qui va rejoindre le point de départ et s'élève même une ligne plus haut. Vous redescendez aux deux tiers de l'ovale dans le même délié en formant un plein, puis vous tournez, par une liaison qui se prolonge en remontant, pour prendre dessous son extrémité la lettre suivante; ainsi de suite. Toutes les lettres et la ligne entière s'exécuteront sans lever la plume. Afin d'éviter de boucler les lettres A, C, D, O, G, Q, passez dessous le trait tiré au bout de chaque lettre.

Veillez à votre position, à la tenue de la plume, à l'inclinaison et à la légèreté de votre écriture.

2—3

Le modèle n° 2 ne diffère du précédent, pour former le D, que par un plein plus élevé vers la partie finale de l'A, en élevant sa liaison à la hauteur représentée par le modèle; puis descendant dans la liaison même pour former le plein, on arrondira l'extrémité basse de ce dernier par une liaison prolongée avec une douce élévation, afin d'arriver au point de départ de la lettre suivante; faites la ligne entière sans lever la plume.

Ex. n° 3. Après avoir formé l'A, on élèvera sa liaison en ligne verticale; on arrondira son extrémité vers la gauche, en formant la partie supérieure du trait plus fin que la partie inférieure, que l'on arrondira au bas; on le terminera par une ligne courbe, couronnée à son faîte par un point suivi d'une liaison, que l'on abandonne pour former la lettre C, dont le trait, d'abord très-fin, s'augmentera graduellement pour diminuer, en s'arrondissant, et terminer par un délié jusqu'au niveau de la lettre suivante.

Veillez à votre position, à la tenue de la main, à l'inclinaison et à la légèreté de votre écriture.

2.

a d a d a d a d a

a d a d a d a d a

3.

a b c d a b c d a b c d a b c d

a b c d a b c d a b c d a b c d

4—5

Commencez par un délié de gauche à droite, en arrondissant pour former une ligne courbe qui grossira graduellement pour diminuer à l'extrémité basse, en s'arrondissant encore, et finir par une liaison droite et verticale bouclée à son faîte, et prise en plein à la hauteur de l'E jusqu'au point où elle forme une seconde boucle par un délié qui va se confondre dans le trait au bas, pour reparaître à la hauteur de l'E, sans lever la plume, sous la forme d'un délié horizontal que l'on abandonne afin de faire le G, lettre qui se fait comme un A, dont on allonge la queue par un trait plein qui diminue à sa partie inférieure, en formant un délié bouclé qui traverse le trait principal pour atteindre à la hauteur de l'H, que l'on forme sans lever la plume, par un trait plein, qui revient sur la partie supérieure de ce même délié, pour s'en détacher au tiers de sa hauteur jusqu'au bout de ce bâton, où l'on prend, en remontant, un délié invisible qui s'en détache pour s'arrondir à la hauteur de la lettre précédente : délié qui devient un plein tournant par une liaison qui va se joindre à la lettre suivante.

N° 5. Récapitulez les n°s 3 et 4.

Veillez à votre position, à la tenue de la main, à l'inclinaison et à la légèreté de votre écriture.

1.

6—7

Commencez l'I par un délié au haut duquel prend un plein incliné s'arrondissant par une liaison prolongée, que rompt le plein du J, plein qui se perd en un délié bouclé traversant la lettre et se prolongeant en ligne droite et oblique pour boucler au haut et continuer un trait plein en son milieu jusqu'au bas, où il s'arrondit par un délié horizontal, délié qui s'arrondit lui-même à la hauteur du premier bâton de l'M ; dans le corps de ce bâton, vous reprenez en montant, votre liaison, pour la faire ressortir obliquement et s'arrondir encore à la hauteur du second, dans lequel vous reprenez, en montant comme devant, votre liaison, pour former le troisième jambage, arrondi, à l'extrémité, par une liaison prolongée jusqu'à la lettre suivante. Observez que les quatre lettres I, J, L, M, doivent se faire sans lever la plume : partant, toute la ligne composée des mêmes lettres répétées, se fait, à la rigueur, sans lever la plume.

N° 7. Récapitulez les n°s 3, 4, et deux fois le 6.

Veillez à votre position, à la tenue de la main, à l'inclinaison et à la légèreté de votre écriture.

S — 9

Commencez par une liaison horizontale s'arrondissant à son faîte, pour former un jambage oblique dans le corps duquel vous prenez, en remontant, votre liaison, pour la faire ressortir en s'arrondissant à la hauteur du second jambage, que vous arrondissez encore par une liaison interrompue, pour faire l'O. On prend très-fin l'extrémité de cette lettre, pour donner du corps à son premier cintre; réduisant le second en une liaison qui aboutit au point de départ où la plume, sans lever, rétrograde sur la droite pour porter un délié à la hauteur du trait du P, qui, s'élevant au-dessus de l'O, doit descendre en ligne droite et oblique, grossissant un peu vers sa partie inférieure : alors on l'abandonne pour prendre environ à la hauteur de l'O, un délié s'arrondissant au haut, pour former la partie finale, dont on abandonne la liaison, pour entreprendre le Q. La première partie de cette lettre se forme comme un A, dont on allonge la queue d'abord par un demi-plein qui grossit jusqu'à son extrémité, où la plume, revenant sur elle-même, tire près du trait principal une liaison qui s'élève droit, en s'arrondissant en haut pour former le plein de l'R, plein dans lequel la plume remonte pour faire ressortir, près de son extrémité, une liaison oblique, interrompue par une cédille qui projette une liaison jusqu'à la lettre suivante.

N° 9. Récapitulez les n°s 3, 4, 6 et 8.

Veillez à votre position, à la tenue de la main, à l'inclinaison et à la légèreté de votre écriture.

a b c d   e f g h   i j k l m   [illegible]

a b c d   e f g h   i j k l m   [illegible]

10—11

Commencez par un délié très-court, interrompu à son sommet par une cédille ou crochet allant, par un délié encore plus court, prendre le corps de l'R, corps ayant la forme d'un C sans tête, terminé par une liaison oblique, au bout de laquelle vous formez, sans lever la plume, le plein serpentant et gradué de l'S qui finit par un délié arrondi et terminé par un petit point sur la liaison de l'R. La plume levée va prendre, près de l'S, une liaison s'élevant à la hauteur du bâton du T, revenant sur le délié et terminant au niveau de la lettre précédente; trait dans lequel, sans arrondir, elle remonte jusqu'à la hauteur de l'S, pour tirer à droite un petit délié horizontal; au bout de ce délié, prend le premier jambage de l'U, arrondi à son extrémité par une liaison au haut de laquelle partira, pour revenir dessus, le second jambage; prolongeant aussi la liaison jusqu'à la lettre suivante.

N° 11. Récapitulez les n°s 3, 4, 6, 8 et 10.

Veillez à votre position, à la tenue de la main, à l'inclinaison et à la légèreté de votre écriture.

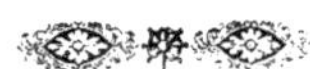

10.

11.

12—13

Pour le V, tirez un délié arrondi par un plein serpentant et reparaissant au bas, sous la forme d'un demi-cercle surmonté au haut d'un point qui projette encore le délié droit : ce délié s'arrondit un peu pour représenter un E renversé, dont la liaison bouclée traverse le plein, afin de former un E naturel, tous deux étant liés dos à dos ; la liaison du dernier va, en s'arrondissant, commencer le trait serpentant de l'Y, trait plein, arrondi par une liaison qui s'élève un peu au-dessus de ce premier trait, et sur laquelle revient le trait allongé d'abord effilé, puis par degré plus gros, au bas duquel la plume, par un demi-tour, tire un délié qui s'éloigne graduellement de la queue de l'Y jusqu'à sa jonction avec la cédille du Z, cédille que la plume forme sans lever, en tirant, un peu plus haut, un délié de la grandeur du premier trait de l'Y, délié dans lequel elle remonte pour en détacher un demi-cercle, prenant du plein dans sa partie supérieure (si l'on en excepte le point de départ) ; le trait diminue pour former un délié bouclé qui, traversant la queue du Z, va se prolonger obliquement jusqu'à la lettre suivante.

N° 12. Récapitulez, en deux lignes, les n^{os} précédens avec celui ci-dessus.

Veillez à votre position, à la tenue de la main, à l'inclinaison et à la légèreté de votre écriture.

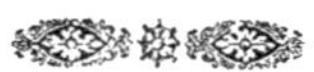

12.

13.

a b c d   e f g h   i j l m   n o p q r

s t u v   x y z

14—15

Modèle sur lequel on se rabattra toutes les fois que l'on trouvera trop de difficultés dans l'exécution de certaines lettres. Il sera plus facile de n'avoir que deux lettres à lier que quatre.

L'exemple suivant, où sont représentées les lettres majuscules, ne sera étudié que quand on exécutera les modèles n°s 19, 20, 21 et 22.

16—17—18

Afin de posséder une écriture belle et régulière, nous engageons toutes les personnes qui nous étudieront, de ne s'en référer, quant au genre des lettres, qu'à celles que nous leur soumettons ici, tant majuscules que minuscules.

Pour apprendre à former les premières, nous ne signalerons que le nombre de fois que devra être levée la plume pour les former. L' *A*, une fois, à l'effet de le barrer; *B*, deux fois; *C*, une fois; *D*, idem; *E*, idem; *F*, trois fois; *G*, une; *H*, idem; *I*, idem; *J*, idem; *K*, deux; *L*, une; *M*, idem; *N*, idem; *O*, idem; *P*, deux; *Q*, une; *R*, deux; *S*, une; *T*, deux; *U*, une; *V*, idem; *X*, idem; *Y*, idem; *Z*, idem; *&*, idem.

N° 17, ne se référer qu'aux lettres représentées dans cet alphabet.

N° 18, seul genre de chiffres appartenant à l'écriture anglaise.

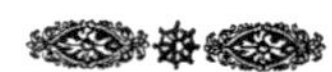

A. B. C. D. E. F. G. H. I. J. K. L. M.

a b c d e f g h i j k l m n o p q r s t u v x y z

N. O. P. Q. R. S. T. U. V. X. Y. Z.

1. 2. 3. 4. 5. 6. 7. 8. 9. 0.

Modèles que l'on exécutera après s'être bien familiarisé avec tout l'alphabet représenté par les exercices préparatoires.

AVIS.

A la demande d'un grand nombre de personnes qui se sont formées avec ce petit ouvrage dans lequel les lettres sont représentées avec la plus grande simplicité, l'Auteur va faire paraître très-prochainement un cahier particulier, renfermant des lettres majuscules, des traits et des paraphes anglais de fantaisie d'un goût neuf et faciles à exécuter; le prix est de 1 franc 60 centimes.

Les personnes qui désireraient avoir ma Collection pratique et complète d'Exemples gradués du système que j'enseigne, peuvent nous adresser leurs demandes; le prix est de 1 franc 60 centimes, le tout franc de port. Affranchir les lettres de demandes.

Expédiée Rapide.

19.

[illegible] sur la [illegible] de Mlle Chandelier, quelque [illegible] l'âge et le [illegible], (Douze à seize ans) et la différence de leur écriture, peuvent être convaincues de réussir sous le secours d'un maître, si elles observent bien toutes les formules préparatoires et les observations écrites.

Expédiée Courante.

20.

A considérer l'homme du côté des perfections
Que le ciel lui a données, en quoi ne l'emporte-
t-il pas sur les autres créatures ? A considérer
les misères que le péché a laissées à l'homme,
Quel être ne lui est pas préférable

L'amour de la gloire, la crainte de la honte, le dessein de faire fortune, le désir de se rendre la vie commode et agréable, et l'envie d'abaisser les autres, sont souvent les causes de cette valeur tant vantée, si célèbre parmi les hommes.

Hydrostatique également.

La vertu n'est pas toujours où l'on voit des actions qui paraissent vertueuses.

On a reconnu quelquefois un bienfait pour établir sa réputation, et pour être plus hardiment ingrat aux bienfaits qu'on ne veut pas reconnaître.

On reçoit l'homme suivant

l'habit qu'il porte et on le reconduit

suivant l'esprit qu'il a montré.

abcdefghijklmnopqrstuvxyz&

Un homme à qui personne ne plaît, est plus malheureux que celui qui ne plaît à personne.

1.2.3.4.5.6.7.8.9.0.

Ecrit

Ecrit

Boite

Boite

Boite

Seul

Seul

Seul

Doit, Effets à payer.
Profits & Pertes.
Avoir, Débit, Crédit.

www.ingramcontent.com/pod-product-compliance
Lightning Source LLC
LaVergne TN
LVHW010304190726
843502LV00014B/1741
* 9 7 8 2 3 2 9 2 9 2 1 7 5 *